QUÉBEC LOISIRS
Le club

^{DES} **PETITS FESTINS**
^{POUR} *TOUS LES JOURS*

60 recettes rapides et délicieuses

D1378013

Recettes : Studio Tormont
Photos : f2.8 Photo inc.
         Tango Photographie
Conception graphique : Lorna Mulligan

www.quebecloisirs.com
Édition du Club Québec Loisirs, 2007
ISBN 978-2-89430-784-7
avec l'autorisation des Éditions Tormont inc.

Paru précédemment
© 2007 Les Éditions Tormont inc.
102502-129-1043

Dépôt légal – Bibliothèque et Archives nationales du Québec, 2007.

Imprimé au Canada

Cher membre,

Votre temps est précieux et le bien-être des vôtres est important.

L'équipe de Québec Loisirs souhaite contribuer à votre qualité de vie et faire en sorte que vous puissiez profiter de vos moments en famille ou avec vos amis. Nous avons pensé vous offrir cet ouvrage qui regroupe 60 recettes ultrarapides que vous pourrez réaliser en quelques minutes. Une section « boîte à lunch » est ajoutée afin de vous permettre de préparer des repas riches en protéines et très sains pour vous et vos proches.

Nous pensons avoir bien travaillé avec notre équipe éditoriale en élaborant ce recueil exclusivement pour vous avec ces recettes originales, rapides à faire et joliment présentées.

Québec Loisirs vous remercie de votre confiance et vous souhaite… *BON APPÉTIT !*

Amicalement,

Votre Club Québec Loisirs
Complice de vos loisirs

Table des matières

Poitrines de poulet farcies à la mangue

		6 PORTIONS
50 ml	mangue, en dés	¼ tasse
15 ml	ketchup aux fruits	1 c. à soupe
45 ml	beurre	3 c. à soupe
15 ml	jus de citron	1 c. à soupe
	une pincée de gingembre moulu	
	une pincée de poivre de Cayenne	
	une pincée de clou de girofle en poudre	
1	gousse d'ail, écrasée	1
2	mangues, coupées dans le sens de la longueur, dénoyautées, et en fines lanières	2
	jus de ½ lime	
6	poitrines de poulet, désossées et sans la peau	6

- Dans un bol, mélanger les 8 premiers ingrédients.
- Arroser les lanières de mangue de jus de lime. Réserver.
- Trancher chaque poitrine de poulet dans l'épaisseur. Farcir de préparation.
- Dans une poêle, faire fondre le reste de la préparation.
- Huiler la grille du barbecue et le préchauffer à intensité moyenne.
- Faire cuire les poitrines de poulet sur la grille chaude du barbecue, de 7 à 8 minutes de chaque côté, en les badigeonnant souvent de la préparation fondue.
- Garnir de lanières de mangue et accompagner de fettuccine aux épinards.

Burgers de poulet, sauce César

Sauce		
I	gousse d'ail, émincée	I
30 ml	vinaigre de vin rouge	2 c. à soupe
15 ml	câpres	I c. à soupe
15 ml	jus de citron	I c. à soupe
15 ml	moutarde forte	I c. à soupe
30 ml	huile végétale	2 c. à soupe
15 ml	eau	I c. à soupe
50 ml	mayonnaise	¼ tasse
45 ml	sbrinz ou parmesan râpé	3 c. à soupe
5 ml	sauce Worcestershire	I c. à thé
30 ml	bacon cuit, émietté, ou filets d'anchois	2 c. à soupe
	poivre	
8	galettes de poulet, non panées	8
8	pains à hamburger	8

- Dans un bol, bien mélanger tous les ingrédients de la sauce. Couvrir et réfrigérer.

- Huiler la grille du barbecue et le préchauffer à intensité moyenne.

- Faire cuire les galettes de poulet sur la grille chaude du barbecue. Y faire griller aussi les pains.

- Badigeonner chaque pain de sauce, puis garnir d'une galette de poulet, d'une feuille de laitue et d'une tranche de tomate.

Biftecks d'aloyau

4	biftecks d'aloyau, épais de 2 à 3 cm (¾ à 1¼ po), sans l'os	4
	huile végétale	
125 ml	ketchup	½ tasse
30 ml	beurre	2 c. à soupe
15 ml	sauce Worcestershire	1 c. à soupe
2 ml	gingembre frais haché	½ c. à thé
30 ml	vinaigre blanc	2 c. à soupe
30 ml	miel	2 c. à soupe
15 ml	jus de citron	1 c. à soupe
15 ml	moutarde forte	1 c. à soupe
	sel et poivre	

- Dégraisser les biftecks et entailler les côtés pour éviter qu'ils ne retroussent durant la cuisson. Badigeonner la viande d'un peu d'huile végétale.

- Dans une petite casserole, faire cuire à feu doux le ketchup, le beurre et la sauce Worcestershire de 2 à 3 minutes.

- Ajouter le gingembre, le vinaigre et le miel ; poursuivre la cuisson de 2 à 3 minutes.

- Retirer la casserole du feu, puis incorporer le jus de citron et la moutarde.

- Préchauffer le barbecue à intensité élevée.

- Étaler la préparation sur les biftecks et les faire cuire sur la grille chaude du barbecue de 12 à 14 minutes, ou selon le degré de cuisson désiré. Retourner quatre fois durant la cuisson. Badigeonner de marinade de temps à autre : saler et poivrer.

- Accompagner de brocoli et de riz sauvage, si désiré.

Sandwichs bistro au bifteck

		4 PORTIONS
5 ml	fécule de maïs	1 c. à thé
15 ml	eau froide	1 c. à soupe
250 ml	bouillon de bœuf	1 tasse
4	biftecks dans le filet ou entrecôtes minute	4
45 ml	moutarde forte	3 c. à soupe
1	oignon rouge, tranché	1
15 ml	huile végétale	1 c. à soupe
4	petites baguettes ou petits pains	4
2	tomates, en tranches fines	2
	laitue déchiquetée	

- Dans un verre, diluer la fécule de maïs dans l'eau froide.

- Dans une petite casserole, porter le bouillon de bœuf à ébullition, puis verser la fécule de maïs pour faire épaissir légèrement. Retirer du feu et tenir au chaud.

- Huiler la grille du barbecue et le préchauffer à intensité élevée.

- Badigeonner les biftecks de moutarde des deux côtés, puis les faire cuire sur la grille chaude du barbecue de 2 à 3 minutes de chaque côté.

- Badigeonner les tranches d'oignon d'huile végétale et les faire griller sur le barbecue.

- Faire griller légèrement les pains. Garnir chacun d'une tranche de bifteck, d'oignon et de tomate ainsi que de laitue.

- Arroser d'un peu de sauce ou la servir à côté, pour y tremper les sandwichs.

Filet de porc aux champignons

		6 PORTIONS
60 ml	beurre	4 c. à soupe
I kg	filet de porc, en cubes	2 lb
2	échalotes sèches, hachées	2
500 g	champignons de différentes sortes, tranchés	I lb
15 ml	farine	I c. à soupe
250 ml	sherry	I tasse
500 ml	crème épaisse	2 tasses
	sel, poivre et paprika, au goût	

- Préchauffer le four à 180 °C (350 °F).

- Dans une poêle, faire fondre le beurre à feu moyen et y faire dorer le porc. Réserver dans un plat allant au four.

- Dans la même poêle, faire revenir les échalotes et les champignons jusqu'à ce qu'ils soient tendres. Saupoudrer de farine et faire cuire 2 minutes.

- Verser le sherry et la crème, assaisonner de sel, de poivre et de paprika. Laisser mijoter 5 minutes.

- Verser la sauce sur le porc, couvrir et faire cuire au four de 10 à 12 minutes. Servir avec du riz et des légumes vapeur, si désiré.

Côtelettes de porc à la dijonnaise

		6 PORTIONS
30 ml	beurre	2 c. à soupe
5 ml	huile végétale	1 c. à thé
6	côtelettes de porc dans l'épaule	6
2	échalotes sèches, tranchées	2
2	gousses d'ail, hachées finement	2
125 ml	vin blanc	½ tasse
125 ml	crème épaisse	½ tasse
30 ml	moutarde forte	2 c. à soupe

- Dans une poêle, faire chauffer 15 ml (1 c. à soupe) de beurre et l'huile végétale et y faire cuire les côtelettes de porc de 8 à 10 minutes de chaque côté.

- Dans une casserole, faire fondre le reste du beurre et y faire revenir les échalotes et l'ail jusqu'à ce qu'ils soient tendres.

- Verser le vin blanc et laisser mijoter jusqu'à ce que le liquide soit presque tout évaporé.

- Dans un bol, mélanger la crème et la moutarde, puis incorporer à la sauce. Faire chauffer 2 minutes.

- Verser sur les côtelettes de porc : accompagner de brocoli et de radis, si désiré.

Côtelettes de porc au thym et au miel

4	côtelettes de porc, chacune de 150 g (5 oz) environ	4
30 ml	huile végétale	2 c. à soupe
30 ml	jus de citron	2 c. à soupe
30 ml	miel	2 c. à soupe
10 ml	moutarde forte	2 c. à thé
5 ml	thym séché	1 c. à thé
	sel et poivre	

4 PORTIONS

- Dégraisser les côtelettes de porc et les mettre dans un plat peu profond.
- Dans un bol, mélanger au fouet le reste des ingrédients. Verser sur les côtelettes, couvrir et réfrigérer 8 h, en retournant la viande plusieurs fois au cours de cette période.
- Préchauffer le four à 180 °C (350 °F).

- Égoutter les côtelettes de porc et les déposer dans un plat allant au four. Faire cuire 7 minutes. Retourner les côtelettes et poursuivre la cuisson 7 minutes. Arroser de temps à autre pendant la cuisson. Saler et poivrer de nouveau, puis servir avec des grelots, des carottes et des artichauts.

Note
Cette recette peut se préparer avec toutes les coupes de porc.

Porc sauté aux courgettes

		4 PORTIONS
30 ml	huile d'olive	2 c. à soupe
I	courgette, en lanières	I
2	branches de céleri, tranchées	2
I	poivron rouge, en gros morceaux	I
2	pommes, pelées, évidées, en quartiers	2
2	gousses d'ail, hachées	2
	sel et poivre	
8	côtelettes de porc, dégraissées, coupées en lanières	8
I5 ml	persil frais haché	I c. à soupe
	paprika, au goût	

- Dans une poêle, faire chauffer la moitié de l'huile d'olive à feu vif et y faire sauter la courgette, le céleri, le poivron, les pommes et l'ail 3 minutes. Saler et poivrer.

- Bien mélanger et poursuivre la cuisson à feu moyen 3 minutes. Les retirer de la poêle.

- Dans la même poêle, faire chauffer le reste de l'huile d'olive à feu moyen et y faire revenir les côtelettes de porc 3 minutes de chaque côté. Saler et poivrer.

- Remettre les légumes et les pommes dans la poêle. Ajouter le persil, assaisonner de sel, de poivre et de paprika. Faire chauffer 2 minutes et servir.

Agneau satay à la noix de coco

4 À 6 PORTIONS

500 g	agneau haché maigre	1 lb
15 ml	moutarde forte	1 c. à soupe
45 ml	noix de coco râpée	3 c. à soupe
5 ml	cumin moulu	1 c. à thé
5 ml	coriandre moulue	1 c. à thé
45 ml	jus de citron	3 c. à soupe
	sel et poivre	

- Faire tremper des brochettes de bambou dans l'eau pendant 30 minutes.

- Préchauffer le gril du four.

- Dans un bol, mélanger tous les ingrédients. Former des boulettes, en calculant 15 ml (1 c. à soupe) de préparation pour chacune. Enfiler 3 boulettes par brochette.

- Faire griller les brochettes au four 3 minutes de chaque côté ou jusqu'à ce que la viande soit cuite.

- Accompagner de riz, si désiré.

Filets d'agneau minute

4	sel et poivre	
4	filets d'agneau, coupés en tranches épaisses de 2,5 cm (1 po)	4
250 ml	farine	1 tasse
3	œufs, battus	3
275 ml	chapelure	1 ½ tasse
50 ml	huile d'arachide	¼ tasse
	fromage parmesan, fraîchement râpé	

- Saler et poivrer les tranches d'agneau, les enrober de farine, puis les tremper dans les œufs battus et les passer dans la chapelure. Réfrigérer 15 minutes.

- Dans une sauteuse, faire chauffer l'huile d'arachide et y faire frire les tranches d'agneau de 2 à 4 minutes de chaque côté. Égoutter sur du papier absorbant.

- Placer l'agneau dans un plat de service, parsemer de fromage et servir.

- Accompagner de salade verte, si désiré.

Veau aux fines herbes

		4 PORTIONS
15 ml	coriandre fraîche hachée	1 c. à soupe
15 ml	marjolaine fraîche hachée	1 c. à soupe
15 ml	persil frais haché	1 c. à soupe
15 ml	estragon frais haché	1 c. à soupe
30 ml	parmesan râpé	2 c. à soupe
	poivre	
4	escalopes de veau, chacune de 120 g (4 oz)	4
4	grandes feuilles de laitue frisée	4

- Dans un bol, mélanger les 6 premiers ingrédients.
- Aplatir les escalopes de veau avec le plat d'un couteau à large lame. Les enrober du mélange aux fines herbes.
- Déposer chaque escalope sur une feuille de laitue. Rouler et tenir fermé avec des cure-dents.
- Faire cuire à la vapeur 15 minutes.
- Accompagner de tomates en quartiers et de couscous aux légumes, si désiré.

Escalopes de veau du printemps

		4 PORTIONS
30 ml	beurre	2 c. à soupe
1 kg	escalopes de veau, en carrés de 5 cm (2 po) de côté	2 lb
	sel et poivre	
2	échalotes sèches, hachées	2
2	poivrons rouges, en lanières	2
120 g	champignons, tranchés	4 oz
	quelques gouttes de jus de citron	

- Dans une sauteuse, faire fondre le beurre à feu moyen-vif et y faire cuire les escalopes 2 minutes de chaque côté. Saler et poivrer. Retirer la viande de la sauteuse.

- Dans la sauteuse chaude, faire cuire à feu moyen-vif les échalotes, les poivrons et les champignons de 4 à 5 minutes.

- Saler et poivrer, puis arroser de jus de citron. Remettre le veau dans la sauteuse et faire chauffer 1 minute. Servir aussitôt.

- Accompagner de brocofleur, si désiré.

Lanières de veau au sésame

175 ml	biscuits soda écrasés	¾ tasse
125 ml	chapelure assaisonnée	½ tasse
50 ml	graines de sésame	¼ tasse
250 ml	farine assaisonnée	1 tasse
750 g	côtelettes de veau, dégraissées et coupées en lanières	1½ lb
2	œufs, battus	2
	huile d'arachide en vaporisateur	

- Dans un bol, mélanger les biscuits soda, la chapelure et les graines de sésame.

- Fariner légèrement les lanières de veau, puis les secouer pour en retirer le surplus de farine.

- Passer la viande d'abord dans les œufs battus, et ensuite dans la préparation aux biscuits soda.

- Préchauffer le four à 200 °C (400 °F).

- Mettre les lanières de veau dans un plat allant au four. Les vaporiser d'huile végétale et les faire cuire au four de 6 à 8 minutes.

- Accompagner d'une salade de bébés épinards et arroser de jus de citron frais, si désiré.

Huîtres Remique

		6 PORTIONS
50 ml	sauce chili	¼ tasse
50 ml	raifort en sauce	¼ tasse
18	huîtres	18
250 ml	cheddar canadien vieilli, râpé	I tasse
250 ml	chapelure fine	I tasse

- Préchauffer le four à 230 °C (450 °F).
- Dans un petit bol, mélanger la sauce chili et le raifort.
- Écailler, puis égoutter les huîtres. Détacher la chair de leurs coquilles et jeter la coquille du dessus.

- Sur chacune des huîtres, déposer 5 ml (I c. à thé) du mélange de sauce chili et raifort. Garnir de fromage, puis de chapelure et faire cuire au four jusqu'à ce que le fromage soit doré. Décorer d'aneth, si désiré.
- Servir comme entrée ou hors-d'œuvre.

Moules à la sauce crémeuse au vin blanc

3 kg	moules, nettoyées, brossées et la barbe enlevée	6 lb
3	échalotes sèches, hachées finement	3
30 ml	persil frais haché	2 c. à soupe
30 ml	cerfeuil frais haché	2 c. à soupe
175 ml	vin blanc sec	¾ tasse
30 ml	beurre	2 c. à soupe
	poivre fraîchement moulu	
125 ml	crème à 35 %	½ tasse
½	poivron rouge, haché	½

- Mettre les moules dans une grande marmite. Ajouter les échalotes, le persil, le cerfeuil, le vin et le beurre : bien mélanger. Poivrer, couvrir et faire cuire à feu moyen-vif jusqu'à ce que les coquilles s'ouvrent. Secouer la marmite plusieurs fois pendant la cuisson.

- À l'aide d'une écumoire, retirer les moules de la marmite et les déposer dans un bol. Jeter toutes les moules qui sont restées fermées. Faire réduire le liquide de moitié. Ajouter la crème et porter à ébullition. Réduire la chaleur, ajouter le poivron rouge et les moules et laisser mijoter 3 minutes à feu doux. Servir immédiatement.

Pétoncles poêlés

50 ml	farine tout usage	¼ tasse
15 ml	estragon frais haché	1 c. à soupe
	une pincée de poivre blanc moulu	
500 g	pétoncles	1 lb
30 ml	huile végétale	2 c. à soupe
3	tomates pelées, épépinées et en dés	3
1 ml	sel d'ail	¼ c. à thé
2	oignons verts, hachés finement	2
	sel et poivre	

- Dans un bol, mélanger la farine, l'estragon et le poivre blanc. Fariner les pétoncles, puis les secouer pour enlever l'excédent de farine.

- Dans une poêle à revêtement antiadhésif, faire chauffer l'huile végétale. Y faire cuire les pétoncles des deux côtés à feu moyen-vif jusqu'à ce que l'intérieur ne soit plus translucide. Retirer les pétoncles de la poêle.

- Dans la même poêle, faire cuire les tomates, le sel d'ail et les oignons verts 10 minutes à feu moyen. Saler et poivrer au goût. Servir les pétoncles sur un lit de sauce aux tomates.

Note

Il ne faut pas trop faire cuire les pétoncles, sinon ils deviendront caoutchouteux. Si vous utilisez des pétoncles surgelés, ne les faites pas décongeler avant de les faire cuire.

Filets de doré
aux champignons

	sel et poivre	
4	filets de doré, de 170 g (6 oz) chacun	4
	jus de ½ lime	
30 ml	beurre	1 c. à soupe
125 ml	échalotes sèches, hachées finement	½ tasse
250 ml	champignons, en dés	1 tasse
50 ml	fumet de poisson	¼ tasse
50 ml	crème à 35 %	¼ tasse
2	gousses d'ail, pelées et hachées finement	2
50 ml	persil frais haché	¼ tasse

• Saler et poivrer les filets de poisson et les arroser de jus de lime. Réserver.

• Dans une poêle, faire fondre le beurre à feu moyen et y faire cuire les échalotes et les champignons jusqu'à ce qu'ils soient dorés.

• Verser le fumet de poisson et la crème, et faire réduire d'un tiers.

• Incorporer ensuite l'ail, le persil et les filets de doré. Couvrir de papier parcheminé et laisser mijoter 5 minutes. Retourner le poisson, couvrir de nouveau et poursuivre la cuisson 5 minutes.

• Dresser les filets dans des assiettes et napper de sauce.

Turbot à la sauce aux agrumes

		4 PORTIONS
	beurre	
4	filets de turbot, chacun de 200 g (7 oz)	4
2	échalotes sèches, hachées	2
125 ml	vin blanc sec	½ tasse
1	lime, en quartiers	1
1	citron, en quartiers	1
1	pamplemousse, en quartiers	1
30 ml	persil frais haché	2 c. à soupe
	poivre du moulin	

- Couper quatre feuilles de papier d'aluminium assez grandes pour pouvoir envelopper les filets de turbot. Beurrer le papier. Déposer sur chaque feuille un filet de poisson.

- Préchauffer le barbecue à intensité moyenne.

- Dans un bol, mélanger le reste des ingrédients, puis les répartir entre quatre filets. Replier les feuilles de papier d'aluminium et bien fermer les bords. Faire cuire les papillotes sur la grille chaude du barbecue de 12 à 15 minutes, en les retournant une fois durant la cuisson.

- Servir immédiatement.

Saumon en papillote

	Beurre pesto	
15	feuilles de basilic, nettoyées	15
3	gousses d'ail, pelées	3
1 ml	poivre de Cayenne	¼ c. à thé
120 g	beurre non salé	4 oz
	quelques gouttes de jus de citron	
	sel et poivre blanc	
	Darnes de saumon	
4	darnes de saumon	4
120 g	beurre pesto	4 oz
8	tranches de tomate	8
4	rondelles d'oignon rouge	4
4	rondelles de citron	4
4	feuilles de laurier	4
	sel, poivre et paprika	

- Au robot culinaire, mélanger le basilic et l'ail. Ajouter ensuite le reste des ingrédients du beurre pesto et bien mélanger.

- Préchauffer le barbecue à feu moyen-vif.

- Placer chaque morceau de saumon sur une double feuille de papier d'aluminium. Déposer une cuillerée de beurre pesto sur chaque darne, puis garnir de deux tranches de tomate, d'une rondelle d'oignon rouge, d'une rondelle de citron et d'une feuille de laurier. Assaisonner de sel, de poivre et de paprika. Sceller.

- Placer les papillotes sur la grille chaude du barbecue, couvrir et faire cuire de 25 à 30 minutes. Cette même recette peut être préparée au four à 160 °C (325 °F).

Filets de truite saumonée et purée d'asperges

I	botte d'asperges fraîches, en dés	I
30 ml	huile d'olive extravierge	2 c. à soupe
15 ml	huile d'olive	I c. à soupe
	sel et poivre fraîchement moulu	
4	filets de truite saumonée, d'environ 175 g (6 oz) chacun, sans la peau	4
	jus de ½ citron	

- Faire cuire les asperges dans de l'eau bouillante salée 4 minutes. Égoutter en prenant soin de réserver 125 ml (½ tasse) du liquide de cuisson. Mettre les asperges et le liquide réservé dans un mélangeur et réduire en une purée lisse. Ajouter graduellement l'huile d'olive extra-vierge, en prenant soin de bien mélanger après chaque addition. Passer la purée à travers un tamis et réserver.

- Dans une grande poêle, faire chauffer l'huile d'olive à feu moyen-vif. Saler et poivrer les filets de truite et les faire revenir 2 minutes de chaque côté.

- Arroser les filets de jus de citron. Répartir la purée d'asperges entre quatre assiettes et y déposer les filets de truite.

Darnes de flétan à l'aneth

4 à 6	brins d'aneth, hachés finement	4 à 6
125 ml	mayonnaise	½ tasse
	sel et poivre	
4	darnes de flétan	4
75 ml	semoule de maïs	⅓ tasse

- Huiler la grille du barbecue et le préchauffer à intensité moyenne.

- Dans un bol, mélanger les brins d'aneth, la mayonnaise, du sel et du poivre.

- Étaler sur les darnes de flétan, puis les enrober de semoule de maïs.

- Faire cuire sur la grille chaude du barbecue de 10 à 15 minutes, en retournant les darnes une seule fois durant la cuisson.

- Garnir d'aneth et accompagner de poivrons grillés, si désiré.

Sole aux tomates cerises en papillote

2	gros filets de sole	2
12	tomates cerises, tranchées en deux	12
1	oignon, haché	1
30 ml	sauce soya	2 c. à soupe
30 ml	beurre fondu	2 c. à soupe
5 ml	jus de citron	1 c. à thé
	sel et poivre	

- Préchauffer le barbecue à intensité moyenne.

- Placer tous les ingrédients sur une triple épaisseur de papier d'aluminium. Couvrir d'une seule épaisseur et bien fermer les bords.

- Placer la papillote sur la grille chaude du barbecue et couvrir. Faire cuire 15 minutes et retourner la papillote une seule fois durant la cuisson.

- Accompagner de courgettes, si désiré.

Biftecks terra mare

		4 PORTIONS
15 ml	beurre	1 c. à soupe
3	oignons verts, hachés finement	3
2	kiwis, pelés, en dés	2
250 ml	crevettes nordiques	1 tasse
50 ml	chapelure	¼ tasse
30 ml	jus de citron	2 c. à soupe
30 ml	vermouth blanc sec	2 c. à soupe
	poivre	
	persil frais haché	
4	tranches de contre-filet, ou de faux-filet de bœuf maigre, épaisses de 3 cm (1¼ po)	4
	huile végétale	
15 ml	concentré de bœuf liquide	1 c. à soupe

- Préchauffer le barbecue à intensité moyenne-élevée.
- Dans un bol, mélanger tous les ingrédients, sauf les trois derniers.
- Trancher chaque contre-filet dans le sens de la longueur pour former une poche. Farcir de préparation et refermer avec des cure-dents.

- Badigeonner la viande d'huile végétale et la faire cuire sur la grille chaude du barbecue de 10 à 18 minutes, ou selon le degré de cuisson désiré.
- Badigeonner de concentré de bœuf durant la cuisson.

LÉGUMES

Chou chinois au gingembre

		4 PORTIONS
I	chou chinois ou bok choy	I
I5 ml	huile d'olive	I c. à soupe
I5 ml	gingembre frais, pelé et haché	I c. à soupe
I	gousse d'ail, pelée, écrasée et hachée	I
	sel et poivre	
2	tomates, en quartiers	2
I5 ml	sauce tériyaki	I c. à soupe

- Effeuiller le chou et bien laver les feuilles. Couper la pointe des feuilles et, autant que possible, n'utiliser que la partie blanche. Couper le chou en biais, en gros tronçons.

- Dans une poêle, faire chauffer l'huile d'olive à feu moyen-vif et y faire cuire le chou chinois 3 minutes à couvert.

- Ajouter le gingembre et l'ail. Saler et poivrer. Ajouter les tomates et faire cuire à découvert 5 minutes à feu vif.

- Incorporer la sauce tériyaki et servir.

Rémoulade de céleri-rave aux crevettes

1	céleri-rave de taille moyenne	1
125 ml	mayonnaise	½ tasse
10 ml	moutarde de Dijon	2 c. à thé
15 ml	persil frais haché	1 c. à soupe
	jus de 1 citron	
	quelques gouttes de sauce Tabasco	
	sel et poivre fraîchement moulu	
375 ml	crevettes nordiques	1 ½ tasse

- Peler le céleri-rave et le tailler en fine julienne. Mettre dans un grand bol.

- Dans un autre bol, mélanger la mayonnaise, la moutarde, le persil, le jus de citron et la sauce Tabasco. Saler et poivrer, puis ajouter au céleri-rave. Bien mélanger.

- Ajouter les crevettes, remuer et rectifier l'assaisonnement, s'il y a lieu. Servir sur des feuilles de laitue.

Épinards à l'ail

4 ml		4 PORTIONS
4	bottes d'épinards frais	4
15 ml	beurre	1 c. à soupe
15 ml	purée d'ail	1 c. à soupe
1	pomme, pelée, évidée, en quartiers minces	1
30 ml	piment vert haché	2 c. à soupe
	sel et poivre	
60 ml	amandes effilées	4 c. à soupe

- Enlever la queue des épinards. Bien laver les feuilles dans l'eau froide et les égoutter. Les faire cuire à la vapeur ou dans de l'eau bouillante salée. Bien égoutter et réserver.

- Dans une poêle, faire fondre le beurre à feu moyen et y faire cuire l'ail, la pomme et le piment vert 2 minutes.

- Ajouter les épinards, saler, poivrer et mélanger. Couvrir et faire cuire 3 minutes à feu doux. Parsemer d'amandes et servir.

Courgettes farcies avec ailes de poulet grillées

		6 PORTIONS
3	courgettes, coupées en deux dans le sens de la longueur	3
2	oignons verts, hachés	2
1	poivron vert, haché finement	1
1	tomate, épépinée, hachée finement	1
125 ml	lentilles vertes, cuites	½ tasse
5 ml	basilic frais haché	1 c. à thé
	sel et poivre du moulin	
6	tranches de cheddar, en dés	6
24	ailes de poulet	24
	épices à barbecue	

- Évider délicatement les demi-courgettes de façon à obtenir des barquettes. Hacher la chair et la déposer dans un bol.

- Y ajouter les oignons verts, le poivron, la tomate, les lentilles et le basilic. Mélanger, saler et poivrer.

- Placer chaque barquette sur une feuille de papier d'aluminium carrée, puis la farcir de préparation aux lentilles. Couvrir de fromage, puis fermer hermétiquement.

- Huiler la grille du barbecue et le préchauffer à intensité moyenne.

- Faire cuire les papillotes sur la grille chaude du barbecue de 15 à 20 minutes. Les courgettes devraient être tendres lorsqu'on les pique avec une fourchette.

- Pendant que les papillotes cuisent, enrober les ailes de poulet d'épices à barbecue, et les faire cuire sur la grille chaude du barbecue à feu moyen afin que l'extérieur ne brûle pas avant que l'intérieur ne soit cuit. Les ailes de poulet sont prêtes, lorsqu'elles se détachent facilement aux articulations.

- Servir avec les courgettes farcies.

Légumes variés au gril

30 ml	huile d'olive	2 c. à soupe
2	gousses d'ail, blanchies, pelées et en purée	2
	jus de 1 citron	
15 ml	sauce Worcestershire	1 c. à soupe
1	poivron rouge, en cubes	1
1	poivron vert, en cubes	1
1	poivron jaune, en cubes	1
1	courgette, en rondelles de 1,25 cm (½ po) d'épaisseur	1
1	courge d'été jaune, en demi-rondelles de 1,25 cm (½ po) d'épaisseur	1
4	échalotes sèches, en quartiers	4
24	pois gourmands	24
1	feuille de chou chinois, en gros morceaux	1
2	carottes pelées, blanchies et coupées en biais, en tronçons de 1,25 cm (½ po) de long	2
1	oignon rouge, en quartiers	1
	sel et poivre	

- Préchauffer le barbecue à intensité élevée.

- Dans un bol, mélanger l'huile d'olive, l'ail, le jus de citron et la sauce Worcestershire.

- Placer tous les légumes dans un grand bol. Enrober de marinade, saler et poivrer. Bien mélanger.

- Mettre tous les légumes dans une grille double à légumes. Placer le tout sur la grille chaude du barbecue, couvrir partiellement, et faire cuire 9 minutes de chaque côté. Servir.

Échalotes et champignons à l'estragon

		4 PORTIONS
250 g	échalotes sèches, pelées	½ lb
15 ml	beurre	1 c. à soupe
250 g	champignons, nettoyés et coupés en deux	8 oz
15 ml	zeste de citron haché	1 c. à soupe
5 ml	estragon	1 c. à thé
1 ml	safran	¼ c. à thé
	sel et poivre	

- Faire cuire les échalotes dans l'eau bouillante salée pendant 10 minutes. Retirer du feu et bien égoutter.

- Dans une casserole, faire fondre le beurre à feu moyen. Ajouter les échalotes et le reste des ingrédients : saler et poivrer. Couvrir et faire cuire 6 minutes.

Salade tiède de pommes de terre et de concombre au brie

12	grelots, tranchés en deux	12
2	concombres anglais, tranchés	2
½	oignon rouge, en rondelles	½
1	petite laitue romaine, lavée et essorée	1
	sel et poivre	
45 ml	vinaigre de vin rouge	3 c. à soupe
15 ml	persil frais haché	1 c. à soupe
15 ml	ciboulette fraîche hachée	1 c. à soupe
60 ml	huile d'olive	4 c. à soupe
10	petites tranches de brie	10

- Faire cuire les grelots et les mettre dans un saladier.

- Ajouter les concombres et l'oignon rouge. Déchiqueter les feuilles de laitue et les ajouter au saladier. Saler et poivrer.

- Arroser de vinaigre de vin ; parsemer de persil et de ciboulette. Remuer, puis incorporer l'huile d'olive. Rectifier l'assaisonnement et garnir chaque portion de quelques petites tranches de brie.

Salade de laitue
et de carottes au chèvre

1	laitue romaine, lavée et essorée	1
2	carottes, pelées et râpées	2
1	pomme, évidée, pelée, en gros dés	1
	jus de 1 ½ citron	
	sel et poivre	
30 ml	huile d'olive	2 c. à soupe
90 g	fromage de chèvre	3 oz

- Mettre les feuilles de laitue dans un bol. Ajouter les carottes et la pomme. Arroser de jus de citron et mélanger.

- Saler et poivrer, puis ajouter l'huile d'olive. Incorporer le chèvre.

- Accompagner de pain à l'ail, si désiré.

PÂTES ET RIZ

Pâtes aux pistaches et au prosciutto

		2 PORTIONS
45 ml	vin blanc ou vermouth blanc sec	3 c. à soupe
45 ml	pistaches hachées	3 c. à soupe
250 ml	sauce tomate aux fines herbes et à l'ail	1 tasse
30 ml	persil frais haché	2 c. à soupe
30 ml	crème à 15 % ou fromage à la crème	2 c. à soupe
	poivre du moulin	
	une pincée de muscade	
200 g	linguine ou autres pâtes, cuites et chaudes	7 oz
4	fines tranches de prosciutto, en lanières	4

- Dans une poêle, faire chauffer le vin blanc et les pistaches à feu moyen jusqu'à ce que le liquide soit presque complètement évaporé.

- Ajouter la sauce tomate et le persil et faire cuire à feu très doux 2 minutes.

- Incorporer la crème, poivrer et parsemer de muscade.

- Répartir les pâtes entre deux assiettes et garnir de prosciutto. Napper de sauce et servir immédiatement.

Note
Le prosciutto est un jambon cru qui est séché, saumuré par un salage et parfois fumé. Ce jambon est généralement très salé.

Fettuccine à la pancetta

		4 PORTIONS
15 ml	huile d'olive	1 c. à soupe
2	gousses d'ail, hachées	2
5	tranches de pancetta douce, en lanières	5
125 ml	vin blanc sec	½ tasse
2	œufs	2
	poivre du moulin	
50 ml	pecorino râpé	¼ tasse
150 ml	parmesan râpé	⅔ tasse
4	portions de fettuccine, cuites et chaudes	4
	persil frais haché	

- Dans une sauteuse, faire chauffer l'huile d'olive à feu moyen et y faire cuire l'ail et la pancetta 3 minutes.

- Arroser de vin et poursuivre la cuisson de 2 à 3 minutes. Retirer la sauteuse du feu et réserver.

- Dans un bol, fouetter les œufs et les poivrer. Bien incorporer les deux sortes de fromage. Verser la préparation sur les pâtes chaudes et égouttées et mélanger rapidement. Poivrer de nouveau. Incorporer l'ail et la pancetta. Parsemer de persil et servir.

Filet de porc sauté aux pâtes

45 ml	huile d'olive	3 c. à soupe
I	filet de porc, coupé en tranches épaisses de 1,25 cm (½ po)	I
	sel et poivre du moulin	
½	branche de céleri, tranchée	½
I	poivron jaune, en lanières	I
I	poivron vert, en lanières	I
I	petit piment fort, haché	I
2	gousses d'ail, hachées	2
125 ml	vin blanc sec	½ tasse
125 ml	pignons	½ tasse
375 g	penne ou conchiglie, cuites al dente	¾ lb
125 ml	asagio râpé	½ tasse

- Dans une poêle, faire chauffer l'huile d'olive à feu moyen et y faire cuire le porc 2 minutes. Retourner la viande, saler et poivrer, et poursuivre la cuisson 2 minutes. Retirer de la poêle.

- Dans la même poêle, faire cuire le céleri, les poivrons, le piment fort et l'ail 4 minutes à feu vif. Saler et poivrer, puis verser le vin et poursuivre la cuisson 2 minutes.

- Remettre le porc dans la poêle. Incorporer les pignons et les pâtes chaudes. Parsemer de la moitié du fromage râpé, rectifier l'assaisonnement et laisser mijoter 2 minutes.

- Servir avec le reste du fromage.

Linguine à la sicilienne

		4 PORTIONS
15 ml	huile d'olive	1 c. à soupe
2	oignons verts, hachés	2
1	poivron jaune, en lanières	1
1	échalote sèche, hachée	1
30 ml	basilic haché	2 c. à soupe
1	saucisse de porc épicée, cuite et en rondelles	1
200 g	champignons, tranchés	7 oz
	sel et poivre du moulin	
375 ml	bouillon de poulet	1 ½ tasse
15 ml	fécule de maïs	1 c. à soupe
45 ml	eau froide	3 c. à soupe
4	portions de linguine, cuites et chaudes	4

- Dans une poêle, faire chauffer l'huile d'olive à feu moyen-vif et y faire cuire les oignons verts, le poivron, l'échalote, le basilic et la saucisse 3 minutes.

- Ajouter les champignons, saler et poivrer, puis faire cuire 3 minutes à feu moyen.

- Verser le bouillon de poulet et porter à ébullition.

- Dans un bol, diluer la fécule de maïs dans l'eau froide. Incorporer à la sauce et faire cuire 2 minutes à feu doux.

- Verser la sauce sur les pâtes chaudes, mélanger et servir.

Rigatoni à la saucisse et aux aubergines

300 g	saucisses de porc	10 oz
250 ml	aubergine, non pelée et en dés	1 tasse
1	poivron rouge, en dés	1
1	poivron vert, en dés	1
1	gousse d'ail, hachée	1
1	boîte de tomates de 540 ml (19 oz)	1
15 ml	herbes de Provence	1 c. à soupe
	poivre du moulin	
300 g	rigatoni	10 oz

- Couper les saucisses en rondelles épaisses de 2,5 cm (1 po). Les mettre dans une poêle avec 50 ml (¼ tasse) d'eau et faire cuire à découvert, à feu moyen. Laisser l'eau s'évaporer, puis faire dorer légèrement les saucisses.

- Ajouter l'aubergine et faire cuire à feu moyen, 15 minutes. Remuer de temps à autre. Incorporer les poivrons et l'ail. Faire cuire 3 minutes.

- Ajouter les tomates et les herbes de Provence. Écraser les tomates avec le dos d'une cuillère en bois. Laisser mijoter 5 minutes à découvert. Poivrer.

- Entre-temps, faire cuire les rigatoni dans de l'eau bouillante salée jusqu'à ce qu'ils soient *al dente*. Les égoutter et les incorporer à la préparation aux saucisses. Servir immédiatement.

Note
Vous pouvez remplacer les aubergines par des courgettes.

Émincé de porc à l'italienne

30 ml	huile végétale	2 c. à soupe
750 g	longe de porc, en fines lanières	1 ½ lb
	sel et poivre	
1	gousse d'ail, hachée	1
15 ml	beurre	1 c. à soupe
200 g	champignons, tranchés	7 oz
500 ml	sauce tomate, chaude	2 tasses
½	poivron vert, tranché	½
4	portions de pâtes cuites, chaudes	4

- Dans une poêle, faire chauffer l'huile végétale à feu moyen-vif et y faire sauter le porc 4 minutes. Saler et poivrer.

- Ajouter l'ail et faire cuire 1 minute. Retirer la viande de la poêle et réserver.

- Dans la même poêle, faire fondre le beurre et y faire cuire les champignons de 4 à 5 minutes. Saler et poivrer. Remuer de temps à autre.

- Incorporer la sauce tomate et le poivron. Porter à ébullition et faire cuire 2 minutes.

- Remettre la viande dans la poêle et la faire chauffer quelques minutes avant de servir la préparation sur les pâtes.

Fettuccine au veau

		4 PORTIONS
30 ml	huile d'olive	2 c. à soupe
500 g	escalopes de veau, en lanières	1 lb
	sel et poivre	
1	échalote sèche, hachée	1
1	branche de céleri, tranchée	1
1	poivron rouge, en dés	1
375 ml	tomates broyées, en boîte	1½ tasse
2	gousses d'ail, écrasées	2
8	feuilles de basilic frais, hachées	8
4	portions de fettuccine	4

- Dans une grande poêle, faire chauffer l'huile d'olive à feu moyen-vif et faire cuire les lanières de veau 1 minute de chaque côté. Saler et poivrer.

- Ajouter l'échalote, le céleri et le poivron et faire cuire 2 minutes. Ajouter les tomates, l'ail et le basilic. Laisser mijoter 10 minutes à feu doux.

- Entre-temps, faire cuire les fettuccine dans de l'eau bouillante salée, jusqu'à ce qu'elles soient al dente.

- Les égoutter et les répartir ensuite entre quatre assiettes, garnir de préparation au veau et servir.

- Accompagner de parmesan frais, si désiré.

Pâtes au veau, à la tomate et au feta

30 ml	huile d'olive	2 c. à soupe
250 g	filets de veau, en tranches	½ lb
I	gousse d'ail, écrasée	I
I	petit oignon, haché finement	I
I	branche de céleri, tranchée	I
6	champignons, hachés	6
	sel et poivre	
	herbes de Provence	
2	tomates, écrasées	2
4	portions de fusilli trois couleurs	4
50 ml	feta émietté	¼ tasse

- Dans une grande poêle, faire chauffer l'huile d'olive à feu moyen-vif et y faire cuire le veau de 3 à 4 minutes, ou selon le degré de cuisson désiré. Transférer dans un plat.

- Dans la poêle chaude, faire cuire l'ail, l'oignon, le céleri et les champignons de 3 à 4 minutes. Parsemer de sel, de poivre et d'herbes de Provence, puis ajouter les tomates. Mélanger et laisser mijoter 10 minutes.

- Remettre le veau dans la poêle et laisser mijoter encore 5 minutes.

- Entre-temps, faire cuire les pâtes dans de l'eau bouillante salée, jusqu'à ce qu'elles soient al dente.

- Les égoutter et les répartir ensuite entre quatre assiettes, garnir de veau et de sauce, puis parsemer de feta avant de servir.

Trois riz aux amandes

500 ml	riz à grains longs, cuit, chaud	2 tasses
500 ml	riz brun, cuit, chaud	2 tasses
250 ml	riz sauvage, cuit, chaud	1 tasse
30 ml	beurre	2 c. à soupe
120 g	pleurotes ou champignons blancs, tranchés	4 oz
2 ml	herbes de Provence	½ c. à thé
	sel et poivre	
250 ml	amandes, effilées et grillées	1 tasse

- Dans un grand bol, mettre les trois sortes de riz. Tenir au chaud.

- Dans une poêle, faire fondre le beurre et y faire revenir les pleurotes jusqu'à ce qu'ils soient tendres.

- Ajouter les herbes de Provence, saler et poivrer. Incorporer au riz.

- Parsemer d'amandes et servir.

Salade de riz au crabe

500 ml	riz cuit	2 tasses
250 g	chair de crabe cuite	½ lb
I	poivron rouge, pelé et en dés	I
125 ml	poivrons rouges rôtis, hachés	½ tasse
½	branche de céleri, en dés	½
250 ml	olives noires dénoyautées	I tasse
	sel et poivre	
2	œufs durs	2
30 ml	vinaigre de vin	2 c. à soupe
5 ml	moutarde forte	I c. à thé
90 ml	huile d'olive	6 c. à soupe
15 ml	persil frais haché	I c. à soupe
	feuilles de laitue	

- Dans un saladier, mélanger le riz, la chair de crabe, le poivron, les poivrons rouges rôtis, le céleri et les olives. Saler et poivrer.

- Trancher les œufs durs en deux et en retirer le jaune. Réserver les blancs pour une utilisation ultérieure.

- Dans un bol, bien mélanger les jaunes d'œufs et le vinaigre de vin, puis ajouter la moutarde. Mélanger. Incorporer l'huile d'olive ; saler et poivrer. Ajouter le persil.

- Verser la vinaigrette sur la salade, remuer et servir sur des feuilles de laitue.

Salade de riz
et de crevettes au cari

250 ml	riz à grains longs, rincé	1 tasse
	sel et poivre du moulin	
15 ml	huile d'olive	1 c. à soupe
375 g	crevettes décortiquées et déveinées	¾ lb
1	poivron rouge, en dés	1
1	branche de céleri, en dés	1
4	tranches de cantaloup, pelées et coupées en dés	4
23 ml	poudre de cari	1½ c. à soupe
2	gousses d'ail, blanchies, en purée	2
30 ml	vinaigre de vin	2 c. à soupe
90 ml	huile d'olive	6 c. à soupe
75 ml	yogourt nature	⅓ tasse
45 ml	chutney à la mangue	3 c. à soupe
	aneth frais haché	

- Faire cuire le riz selon les instructions sur l'emballage. Saler et poivrer, puis laisser refroidir.

- Dans une casserole, faire chauffer 15 ml (1 c. à soupe) d'huile d'olive à feu moyen et y faire revenir les crevettes 3 minutes, tout en remuant, jusqu'à ce qu'elles soient roses. Ajouter le poivron et poursuivre la cuisson 1 minute.

- Mettre les crevettes et le poivron dans un grand bol. Ajouter le riz, le céleri et le cantaloup. Saler et poivrer ; remuer.

- Dans un petit bol, mélanger le cari, l'ail, le vinaigre de vin et le reste de l'huile d'olive. Saler et poivrer, puis fouetter. Incorporer à la salade d'abord la vinaigrette, ensuite le yogourt et le chutney.

- Parsemer d'aneth et servir.

Fudge au chocolat
et aux amandes

		12 À 16 CARRÉS
500 g	chocolat contenant 50 % ou plus de cacao	16 oz
375 ml	lait concentré sucré	1 ½ tasse
125 ml	beurre ramolli	½ tasse
250 ml	amandes hachées grossièrement	1 tasse

- Mettre le chocolat dans un bol en acier inoxydable et le placer au-dessus d'une casserole à moitié remplie d'eau bouillante. Le fond du bol ne doit pas toucher l'eau. Faire fondre le chocolat à feu doux, sans remuer.

- Retirer la casserole du feu et incorporer le lait concentré, le beurre et les amandes.

- Verser dans un moule carré légèrement graissé et laisser refroidir complètement avant de détailler en carrés.

Zabaglione au chocolat

		4 PORTIONS
60 g	chocolat contenant 50 % ou plus de cacao	2 oz
50 ml	liqueur de café	¼ tasse
45 ml	crème épaisse	3 c. à soupe
6	jaunes d'œufs	6
125 ml	sucre	½ tasse

- Mettre le chocolat dans un bol en acier inoxydable et le placer au-dessus d'une casserole à moitié remplie d'eau bouillante. Le fond du bol ne doit pas toucher l'eau. Faire fondre à feu doux, sans remuer. Retirer le bol de la source de chaleur et ajouter la liqueur de café et la crème.

- Dans un autre bol en acier inoxydable, mettre les jaunes d'œufs et le sucre. Placer au-dessus d'une casserole à moitié remplie d'eau bouillante. Le fond du bol ne doit pas toucher l'eau. Battre la préparation pour qu'elle devienne mousseuse. Retirer ensuite le bol de la source de chaleur.

- Incorporer lentement le chocolat fondu aux œufs tout en fouettant, jusqu'à ce que la préparation épaississe. Répartir entre 4 verres à dessert. Servir chaud.

Tarte au sucre

	pâte pour 1 abaisse	
250 ml	lait évaporé	1 tasse
375 ml	cassonade	1½ tasse
1	œuf	1
30 ml	farine	2 c. à soupe

- Préchauffer le four à 180 °C (350 °F).
- Foncer une assiette à tarte d'une abaisse. Réserver.

- Dans un bol, mélanger le lait évaporé, la cassonade, l'œuf et la farine pour obtenir une préparation homogène. Verser dans l'abaisse et faire cuire au four 35 minutes.

Pommes et coulis de framboises

4	pommes, pelées et en quartiers	4
45 ml	beurre	3 c. à soupe
45 ml	sucre	3 c. à soupe
250 ml	framboises	1 tasse
50 ml	eau chaude	¼ tasse
50 ml	sucre	¼ tasse
50 ml	pistaches hachées	¼ tasse
	crème glacée à la vanille	

- Préchauffer le four à 180 °C (350 °F).

- Dans une poêle, faire cuire les pommes, le beurre et 45 ml (3 c. à soupe) de sucre à feu moyen, en remuant continuellement. Transférer dans un plat allant au four.

- Faire cuire au four 10 minutes. Entre-temps, au mélangeur électrique ou au robot culinaire, réduire en purée les framboises, l'eau chaude et 50 ml (¼ tasse) de sucre. Filtrer le coulis à la passoire.

- Pour servir, répartir le coulis de framboises entre quatre bols, puis garnir de pommes. Décorer de pistaches hachées et accompagner de crème glacée à la vanille.

Fondue au chocolat

		4 PORTIONS
250 g	chocolat noir	8 oz
125 ml	crème à 35 %	½ tasse
45 ml	jus d'orange fraîchement pressé	3 c. à soupe
5 ml	zeste d'orange, râpé	1 c. à thé
	fraises fraîches kiwis, en cubes pêches, en tranches pommes, en quartiers bananes, en rondelles oranges, en quartiers mangues, en cubes bleuets	

- Mettre le chocolat dans un bol en acier inoxydable et le placer au-dessus d'une casserole à moitié remplie d'eau bouillante. Le fond du bol ne doit pas toucher l'eau. Faire fondre à feu doux, en remuant de temps à autre. Ajouter la crème, le jus et le zeste d'orange. Bien mélanger.

- Verser dans un caquelon à fondue et mettre au-dessus d'une bougie chauffe-plat pour tenir la sauce au chaud.

- Tremper des morceaux de fruits dans la sauce au chocolat à l'aide de fourchettes à fondue.

Bananes flambées au rhum

		4 PORTIONS
30 ml	beurre	2 c. à soupe
45 ml	cassonade	3 c. à soupe
12	bananes naines	12
	jus de 1 orange	
45 ml	liqueur de banane	3 c. à soupe
45 ml	rhum	3 c. à soupe
	crème glacée à la vanille	
	crème glacée au chocolat	
	pistaches hachées	

- Dans une poêle, faire fondre le beurre à feu moyen. Ajouter ensuite la cassonade et remuer jusqu'à ce qu'elle soit dorée.

- Ajouter les bananes et les faire cuire 1 minute.

- Ajouter le jus d'orange et poursuivre la cuisson 1 minute.

- Arroser de liqueur de banane et de rhum. Retirer la poêle du feu et faire flamber en lieu sûr.

- Dans 4 coupes à dessert, mettre une boule de crème glacée à la vanille et une au chocolat. Répartir les bananes entre les coupes, parsemer de pistaches hachées et servir.

Surprises de fraises et de cerises au chocolat

		4 À 6 PORTIONS
60 g	chocolat noir	2 oz
250 ml	sucre à glacer	1 tasse
5 ml	extrait de vanille	1 c. à thé
45 ml	lait	3 c. à soupe
1	jaune d'œuf	1
24	grosses fraises mûres	24
12	grosses cerises fraîches	12

- Mettre le chocolat, le sucre à glacer, la vanille et le lait dans un bol en acier inoxydable et le placer au-dessus d'une casserole à moitié remplie d'eau bouillante. Le fond du bol ne doit pas toucher l'eau. Faire fondre à feu doux, en remuant de temps à autre.

- Retirer le bol de la source de chaleur : incorporer le jaune d'œuf et laisser reposer quelques minutes.

- Tremper les fraises et les cerises dans la sauce au chocolat et les déposer dans une assiette tapissée de papier ciré.

- Réfrigérer pour que le chocolat prenne. Les fruits doivent être consommés le jour même.

Mousse à l'érable

		4 PORTIONS
500 ml	lait écrémé	2 tasses
125 ml	sirop d'érable	½ tasse
60 ml	fécule de maïs	4 c. à soupe
60 ml	lait froid	4 c. à soupe
4	blancs d'œufs	4
	une pincée de sel	
125 ml	crème à fouetter	½ tasse

- Dans une casserole, faire chauffer le lait et le sirop d'érable. Dès que le liquide commence à bouillir, ajouter la fécule de maïs préalablement diluée dans le lait froid.

- Faire cuire à feu doux jusqu'à ce que la préparation épaississe. Verser dans un grand plat peu profond pour que la préparation refroidisse plus vite. Laisser refroidir complètement.

- Battre les blancs d'œufs avec le sel en pics fermes. Incorporer à la préparation en pliant.

- Fouetter la crème et l'incorporer doucement à la mousse.

- Répartir entre quatre coupes à dessert et servir froid.

Mousse au chocolat classique

		4 PORTIONS
200 g	chocolat contenant 50 % ou plus de cacao	7 oz
75 ml	café noir	⅓ tasse
15 ml	beurre	1 c. à soupe
30 ml	liqueur d'orange	2 c. à soupe
4	œufs, le blanc et le jaune séparés	4

- Mettre le chocolat dans un bol en acier inoxydable et le placer au-dessus d'une casserole à moitié remplie d'eau bouillante. Le fond du bol ne doit pas toucher l'eau. Faire fondre à feu doux, en remuant de temps à autre.

- Lorsque le chocolat est fondu, ajouter le café.

- Retirer le bol de la source de chaleur, puis incorporer d'abord le beurre et la liqueur d'orange, ensuite les jaunes d'œufs, un à la fois, en mélangeant bien après chaque addition.

- Fouetter les blancs d'œufs en pics fermes et les incorporer à la préparation en pliant.

- Répartir entre 4 coupes à dessert. Décorer de tranches d'orange confites, si désiré.

BOÎTE À LUNCH

Soupe chinoise au poulet

		4 À 6 PORTIONS
30 g	champignons chinois	1 oz
2,5 litres	bouillon de poulet	10 tasses
2	oignons, hachés	2
2	carottes, en rondelles	2
1	poireau, tranché	1
60 g	nouilles chinoises	2 oz
500 ml	poulet cuit, en cubes	2 tasses
350 g	pousses de bambou en boîte, égouttées	12 oz
	sauce soya	
	sambal oelek	

- Faire tremper les champignons chinois dans un bol d'eau pendant quelques heures, puis les égoutter et les trancher.

- Dans une grande casserole, porter le bouillon de poulet à ébullition. Ajouter les oignons, les carottes et le poireau, puis réduire le feu et laisser mijoter pendant environ 20 minutes.

- Incorporer ensuite les nouilles et champignons chinois. Porter à ébullition de nouveau et poursuivre la cuisson pendant 10 minutes.

- Ajouter le poulet, les pousses de bambou ainsi que de la sauce soya et du sambal oelek au goût. Faire chauffer quelques minutes, puis verser dans des bols.

- Pour un repas éclair complet, accompagner d'un yogourt, d'une orange et d'une poignée d'amandes non salées.

Sandwichs porc et chutney

Chutney aux pommes et au raisin		
175 ml	vinaigre blanc	¾ tasse
5	pommes, pelées, évidées, en dés	5
150 ml	cassonade	⅔ tasse
50 ml	zeste de citron, haché	¼ tasse
50 ml	zeste d'orange, haché	¼ tasse
125 ml	gingembre confit	½ tasse
50 ml	raisin vert sans pépins, tranché	¼ tasse
1	gousse d'ail, hachée	1
1	mangue, pelée, en dés	1
1 ml	graines de moutarde	¼ c. à thé
1 ml	gingembre en poudre	¼ c. à thé
	sel et poivre	
4	tranches de pain pumpernickel	4
	mayonnaise et moutarde	
4	fines tranches de porc cuit	4
4	tranches de fromage gruyère	4
4	feuilles de laitue frisée	4

- Dans une casserole, porter le vinaigre à ébullition. Ajouter les pommes, couvrir partiellement et faire cuire 5 minutes. Ajouter le reste des ingrédients, couvrir partiellement et faire cuire 13 minutes. Laisser refroidir.

- Tartiner le pain de mayonnaise et de moutarde.

- Sur deux tranches, déposer une tranche de porc, une de fromage et une de laitue. Garnir de 15 ml (1 c. à soupe) de chutney, puis déposer une autre tranche de porc, de fromage et de laitue. Couvrir de pain et servir.

- Pour un repas éclair complet, accompagner d'un jus de légumes, d'une banane ou d'un autre fruit au choix.

Conseil : Si vous emportez ce sandwich au bureau ou à l'école, assemblez-le à la dernière minute pour que tous les aliments conservent leur fraîcheur.

Rouleaux au jambon et aux tomates séchées

		4 PORTIONS
75 ml	poivron rouge haché	⅓ tasse
15 ml	persil frais haché	1 c. à soupe
75 ml	fromage à la crème, ramolli	⅓ tasse
30 ml	tomates séchées, hachées finement	2 c. à soupe
12	tranches de jambon cuit	12
	poivre du moulin	
	poivre de Cayenne	
	jus de citron	

- Dans un bol, mélanger tous les ingrédients, sauf le jambon. Rectifier l'assaisonnement, au goût.

- Étaler les tranches de jambon sur une surface de travail. Répartir la préparation entre les tranches, puis les rouler.

- Déposer les rouleaux de jambon dans une grande assiette, de façon à ce qu'ils ne se déroulent pas. Réfrigérer pendant 1 h.

- Couper les rouleaux en deux et servir.

- Pour un repas éclair complet, accompagner d'un petit pain de blé, d'une salade verte (verser la vinaigrette à la dernière minute), d'une pomme et de deux dattes.

Muffins au jambon

		12 MUFFINS
I	œuf, battu	I
175 ml	chapelure	¾ tasse
750 g	jambon cuit, haché	I ½ lb
I	branche de céleri, hachée finement	I
I	oignon, haché	I
125 ml	lait écrémé	½ tasse
15 ml	moutarde forte	I c. à soupe
30 ml	persil frais haché	2 c. à soupe
15 ml	beurre fondu	I c. à soupe

- Préchauffer le four à 180 °C (350 °F).

- Dans un grand bol, bien mélanger tous les ingrédients, sauf le beurre fondu.

- Enduire 12 moules à muffins de beurre fondu.

- À la cuillère, répartir la préparation entre les moules. Faire cuire au four 30 minutes, ou jusqu'à ce que les muffins soient bien dorés.

- Les laisser refroidir avant de les démouler.

- Pour un repas éclair complet, accompagner de crudités avec une trempette à l'hoummos, une pointe de fromage au choix et de petits fruits (fraises, framboises, mûres, bleuets).

Tomates farcies
à la salade de crevettes

		4 PORTIONS
4	grosses tomates	4
	sel et poivre	
250 g	crevettes nordiques, cuites, décortiquées, déveinées et tranchées en deux	½ lb
I	échalote sèche, hachée finement	I
I5 ml	persil frais haché	I c. à soupe
I	branche de cœur de céleri, hachée finement	I
45 ml	mayonnaise	3 c. à soupe
5 ml	moutarde forte	I c. à thé
	jus de citron, au goût	

- Retirer le pédoncule des tomates et découper une calotte sur le dessus. Retirer presque toute la chair des tomates, en veillant à ne pas percer la paroi. Réserver la chair pour une utilisation ultérieure.

- Saler et poivrer l'intérieur des tomates.

- Dans un bol, mélanger les crevettes, l'échalote, le persil, le céleri, la mayonnaise et la moutarde. Saler et poivrer, puis arroser de jus de citron. Mélanger de nouveau.

- Farcir les tomates de la préparation aux crevettes, les couvrir des calottes.

- Pour un repas éclair complet, accompagner d'une salade de cresson garnie d'emmenthal en cubes (verser la vinaigrette à la dernière minute), d'un petit pain aux olives et d'un yogourt.

Salade de pâtes méditerranéenne

3	gousses d'ail, blanchies, en purée	3
15 ml	moutarde forte	1 c. à soupe
15 ml	basilic frais haché	1 c. à soupe
	sel et poivre du moulin	
30 ml	vinaigre balsamique	2 c. à soupe
90 ml	huile d'olive	6 c. à soupe
375 g	fusilli, cuits	¾ lb
50 ml	tomates séchées, hachées	¼ tasse
4	cœurs d'artichauts, en quartiers	4
10	tranches de prosciutto, coupées en quatre	10
90 g	mozzarella, en dés	3 oz

- Dans un petit bol, mettre l'ail, la moutarde et le basilic. Saler et poivrer, puis arroser de vinaigre balsamique et mélanger. Incorporer l'huile d'olive au fouet. Rectifier l'assaisonnement.

- Dans un grand bol, mettre les fusilli, les tomates séchées et les cœurs d'artichauts. Incorporer la vinaigrette et rectifier l'assaisonnement.

- Ajouter le prosciutto et le fromage juste avant de servir.

- Pour un repas éclair complet, accompagner d'un jus de légumes, d'un petit pain au fromage et d'une poire ou quelques clémentines.

Salade de saumon facile

		4 PORTIONS
625 g	saumon frais, cuit, désossé et émietté	1 ¼ lb
1	branche de céleri, en dés	1
2	échalotes sèches, hachées	2
3	oignons verts, hachés	3
1	œuf dur, haché	1
1	poivron rouge, en dés	1
1	oignon rouge, en fines rondelles	1
60 ml	mayonnaise	4 c. à soupe
	sel et poivre	
	jus de 1 citron	

- Dans un bol, mélanger tous les ingrédients.
- Rectifier l'assaisonnement et servir dans un petit pain grillé.

- Pour un repas éclair complet, accompagner de crudités avec une trempette aux épinards et d'une banane ou d'un autre fruit au choix.

Conseil : Si vous emportez ce sandwich au bureau ou à l'école, assemblez-le à la dernière minute pour éviter que le pain soit imbibé.

Salade niçoise

1	laitue Boston, lavée et essorée	1
	jus de 1 citron	
250 g	haricots verts, parés et blanchis	½ lb
1	poivron vert, en fines lanières	1
1	poivron rouge, en fines lanières	1
2	tomates, en quartiers	2
1	petit oignon rouge, en rondelles	1
175 ml	thon en morceaux	¾ tasse
50 ml	olives noires dénoyautées	¼ tasse
	sel et poivre du moulin	
50 ml	vinaigrette aux fines herbes (voir p. 124)	¼ tasse
5	filets d'anchois, égouttés, hachés	5
3	œufs durs, en quartiers	3

- Déchiqueter les feuilles de laitue et les mettre dans un grand bol. Ajouter un peu de jus de citron et remuer.

- Dans un autre bol, mettre les haricots, les poivrons, les tomates, l'oignon rouge, le thon et les olives. Saler et poivrer.

- Déposer la salade sur les feuilles de laitue. Garnir d'anchois et d'œufs durs.

- Juste avant de servir, arroser du reste du jus de citron et incorporer la vinaigrette.

- Pour un repas éclair complet, accompagner d'un petit pain de blé, d'une pointe de camembert et de petits fruits (fraises, framboises, mûres, bleuets).

Vinaigrette aux fines herbes

30 ml	vinaigre de vin blanc ou rouge	2 c. à soupe
	sel et poivre	
90 ml	huile d'olive	6 c. à soupe
5 ml	persil frais haché	1 c. à thé
5 ml	estragon frais haché ou romarin, thym ou origan frais haché	1 c. à thé
5 ml	basilic frais haché	1 c. à thé
5 ml	ciboulette ou menthe fraîche hachée	1 c. à thé

- Dans un bol, mettre le vinaigre. Saler et poivrer.
- Incorporer l'huile d'olive en fouettant. Ajouter les fines herbes, au goût.

- On peut remplacer chacune des fines herbes fraîches par des fines herbes séchées, mais en quantité moindre : au lieu de 5 ml (1 c. à thé), n'en mettre que 1 ml (¼ c. à thé).

INDEX